P9-BJY-058

LOS PRINCIPIOS DE LA DEMOCRACIA

¿QUÉ SON LOS DERECHOS DE LAS MINORÍAS?

JOSHUA TURNER

TRADUCIDO POR ESTHER SARFATTI

PowerKiDS press.

New York

Published in 2020 by The Rosen Publishing Group, Inc.
29 East 21st Street, New York, NY 10010

First Edition

Translator: Esther Sarfatti
Editor, Spanish: María Cristina Brusca
Book Design: Reann Nye

Photo Credits: Seriest art Bplanet/Shutterstock.com; cover Zurijeta/Shutterstock.com; p. 5 Drew Angerer/Getty Images News/Getty Images; p. 7 spyarm/Shutterstock.com; p. 9 Bettmann/Getty Images; p. 11 Hill Street Studios/Blend Images/Getty Images; p. 13 jabejon/E+/Getty Images; p. 15 Drop of Light/Shutterstock.com; p. 17 JEWEL SAMAD/AFP/Getty Images; p. 19 Paul Marotta/Getty Images Entertainment/Getty Images; p. 21 David McNew/Getty Images News/Getty Images; p. 22 Image Source/DigitalVision/Getty Images.

Cataloging-in-Publication Data

Names: Turner, Joshua.
Title: ¿Qué son los derechos de las minorías? / Joshua Turner.
Description: New York : PowerKids Press, 2020. | Series: Los principios de la democracia | Includes glossary and index.
Identifiers: ISBN 9781538349366 (pbk.) | ISBN 9781538349380 (library bound) | ISBN 9781538349373 (6 pack)
Subjects: LCSH: Civil society—United States—Juvenile literature. | Toleration—United States—Juvenile literature. | Respect—Juvenile literature. | Freedom of expression—United States—Juvenile literature. | Democracy—United States—Juvenile literature.
Classification: LCC JK1759.T87 2019 | DDC 300.973—dc23

CONTENIDO

★ ★ ★ ★ ★ ★ ★ ★ ★ ★ ★

PONERSE EN EL LUGAR DEL OTRO

Una de las cosas más importantes que alguien puede hacer en una democracia es intentar entender el punto de vista de otra persona. Esto no es siempre fácil. Sin embargo, es necesario si una sociedad quiere tomar decisiones que sean equitativas para todo el mundo.

Esto es especialmente cierto cuando se trata de las minorías. Antes de decidir qué leyes son mejores, debemos entender cómo afectarán a todos los individuos en la sociedad. Para que una democracia tenga éxito, se tienen que respetar los derechos de las minorías.

"¿Me gustaría esta decisión si yo fuera otra persona?". Los que viven en una democracia deben hacerse esta pregunta antes de tomar decisiones sobre asuntos importantes.

¿QUIÉNES SON LAS MINORÍAS?

★ ★ ★ ★ ★ ★ ★ ★ ★

Las minorías en una sociedad son grupos de personas que son más pequeños que el grupo más grande, o lo que llamamos *la mayoría*. El estatus social también tiene que ver con el hecho de que alguien pertenezca a un grupo minoritario o no. Los que están en una minoría a veces tienen intereses diferentes de los de la mayoría.

A menudo hay muchos grupos minoritarios diferentes en un país. Estos grupos pueden basarse en origen **étnico**, religión, raza, **género** o creencias políticas. La gente puede pertenecer a varios grupos minoritarios a la vez.

★ ★ ★ ★ ★ ★ ★ ★ ★
EL ESPÍRITU DE LA DEMOCRACIA

Los peregrinos estuvieron entre los primeros europeos en establecerse en Norteamérica. En Inglaterra eran minoría debido a sus creencias religiosas. Viajaron a la Colonia de Massachusetts con la esperanza de cambiar sus vidas para mejor.

La Estatua de la Libertad representa el hecho de que Estados Unidos estaba dispuesto a aceptar grupos minoritarios de todo el mundo, fuera cual fuera su clase social o **económica**.

¿QUÉ ES UN DERECHO?

Los ciudadanos de una democracia tienen ciertos derechos. Los derechos son condiciones que no nos pueden quitar ni limitar otras personas ni el Gobierno. Los ciudadanos de Estados Unidos tienen muchos derechos, como la libertad de expresión y el derecho al voto.

Si un ciudadano trata de limitar o quitar los derechos a otro ciudadano, podría recibir un **castigo** del Gobierno. Los derechos vienen con **responsabilidades**, como pagar impuestos y no romper las reglas.

A veces hay que luchar para obtener un derecho. A finales del siglo XIX, las mujeres de Estados Unidos lucharon pacíficamente para conseguir el derecho al voto, el cual ganaron en 1920.

VOTES FOR
WOMEN
ON THE
SAME TERMS
AS MEN
VOTES FOR
WOMEN
ON THE
SAME TERMS
AS MEN

VIVIR EN UNA DEMOCRACIA

★ ★ ★ ★ ★ ★ ★ ★ ★ ★

Estados Unidos tiene una democracia representativa. En este tipo de gobierno, los ciudadanos votan por las personas que los **representan** en el Gobierno. Esto significa que cada persona tiene voz, aunque pertenezca a una minoría.

Si todo el mundo tiene voz, lo lógico es que la voz de la mayoría se haga escuchar por encima de las minorías, lo cual podría cambiar las leyes para que favorezcan a la mayoría. Entonces, ¿cómo podemos proteger, o mantener seguras, a las personas que forman parte de las minorías?

★ ★ ★ ★ ★ ★ ★ ★ ★

EL ESPÍRITU DE LA DEMOCRACIA

La democracia se originó en la antigua Grecia hace miles de años. Ha demostrado ser el mejor sistema de gobierno cuando se trata de proteger los derechos de las minorías.

★ ★ ★ ★ ★ ★ ★ ★ ★

Una de las características clave de la democracia es la posibilidad que tienen los ciudadanos de cambiar las prácticas del Gobierno, y también de la mayoría, a través del voto.

11

PROTECCIÓN DE LAS MINORÍAS

★ ★ ★ ★ ★ ★ ★ ★ ★

Se hacen reglas para asegurar que las minorías no sean **perseguidas** ni **discriminadas** injustamente. Esto significa que, aunque la mayoría quisiera hacer algo en contra de las minorías, el Gobierno no lo permitiría.

Considéralo de la forma siguiente: si tu clase va a pedir *pizza* y la maestra sabe que hay un alumno vegetariano, ella podría dar a los alumnos la opción de pedir diferentes tipos de *pizza*, pero no les dejaría escoger una que llevara solamente *pepperoni*. Esto se debe a que la maestra quiere proteger los derechos de la minoría vegetariana.

La protección de los derechos minoritarios es importante para toda la gente en cualquier sociedad. Recuerda que, aunque estés en la mayoría hoy, mañana podrías estar en la minoría. ▶

13

LAS LEYES EN UNA DEMOCRACIA

En Estados Unidos, tenemos representantes en nuestro Gobierno que hablan por diferentes grupos de personas. Ellos se aseguran de que sus electores, o las personas a las que representan, reciban un trato justo.

Muchos representantes sirven a comunidades que tienen un gran número de minorías, y luchan por sus derechos en el Gobierno. Estos representantes escuchan a los grupos minoritarios para saber cuáles son sus necesidades, y luego tratan de asegurarse de que las nuevas leyes sean lo más justas posibles para todo el mundo, incluidas las minorías.

EL ESPÍRITU DE LA DEMOCRACIA

Martin Luther King Jr. luchó incansablemente por los derechos de los afroamericanos. También luchó por los derechos de otros estadounidenses pobres y desfavorecidos.

En Estados Unidos, las leyes se hacen en el Congreso y luego las firma el presidente para **promulgarlas**. Los ciudadanos votan para elegir tanto al presidente como a las personas que los representan en el Congreso.

¿QUÉ PUEDEN ESPERAR LAS MINORÍAS?

★ ★ ★ ★ ★ ★ ★ ★ ★ ★

Puesto que Estados Unidos es una democracia, es probable que se promulguen nuevas leyes que no favorezcan a los grupos minoritarios. Pero, aunque estas leyes o decisiones no les sean favorables, las minorías seguramente tampoco tendrán leyes que los discriminen o los persigan.

Imagínate que tienes **alergia** al maní, y en tu clase se lleva a cabo una votación para decidir qué tipo de golosinas podrán tener para Halloween. Aunque no consigas la que más te guste, puedes esperar razonablemente que la clase no elija un tipo de golosina con maní, ya que, en ese caso, quedarías excluido.

Barack Obama fue el primer presidente afroamericano de Estados Unidos y el primero que proviene de un grupo minoritario.

17

¿POR QUÉ SON IMPORTÁNTES LOS DERECHOS DE LAS MINORÍAS?

★ ★ ★ ★ ★ ★ ★ ★ ★ ★

Los derechos de las minorías tienen que ser protegidos. Los ciudadanos deben tener cuidado para que no haya una **tiranía** de la mayoría. Si esto llegara a ocurrir, la mayoría decidiría todas las leyes, y las minorías se podrían encontrar sin ningún derecho. En consecuencia, serían incapaces de participar activamente y de manera significativa en la sociedad.

Las minorías tienen mucho que ofrecer a la mayoría, incluidas nuevas ideas y diferentes formas de ver las cosas. Cualquier sociedad que excluya a las minorías no será tan buena como una sociedad donde están aceptadas y tienen voz.

★ ★ ★ ★ ★ ★ ★ ★ ★ ★
EL ESPÍRITU DE LA DEMOCRACIA

Ta-Nehisi Coates ha escrito varios libros y artículos acerca de sus propias **experiencias** en la minoría en Estados Unidos. En sus libros ofrece sugerencias significativas de cómo nuestro país puede cambiar y mejorar.

Cuando se trata de hablar sobre las razones que resaltan la importancia de los derechos de las minorías, Ta-Nehisi Coates es una de las voces más destacadas para ello.

¿CUÁL ES LA MEJOR SOCIEDAD?

★ ★ ★ ★ ★ ★ ★ ★ ★ ★ ★

La mejor sociedad para las minorías es aquella que toma **en serio** sus necesidades y sus puntos de vista. Es una sociedad que ofrece una oportunidad igual y equitativa para que todo el mundo sea activo en su comunidad y Gobierno. Las minorías no siempre conseguirán lo que quieren, pero nunca se sentirán perseguidas ni excluidas de la sociedad.

Incluso, hoy en día, en Estados Unidos a veces nos quedamos cortos en este tema. Pero nuestra democracia siempre está avanzando para tratar de ser más **inclusiva** y equitativa.

La mejor sociedad para las minorías permite que sus voces siempre se escuchen y se tomen en serio.

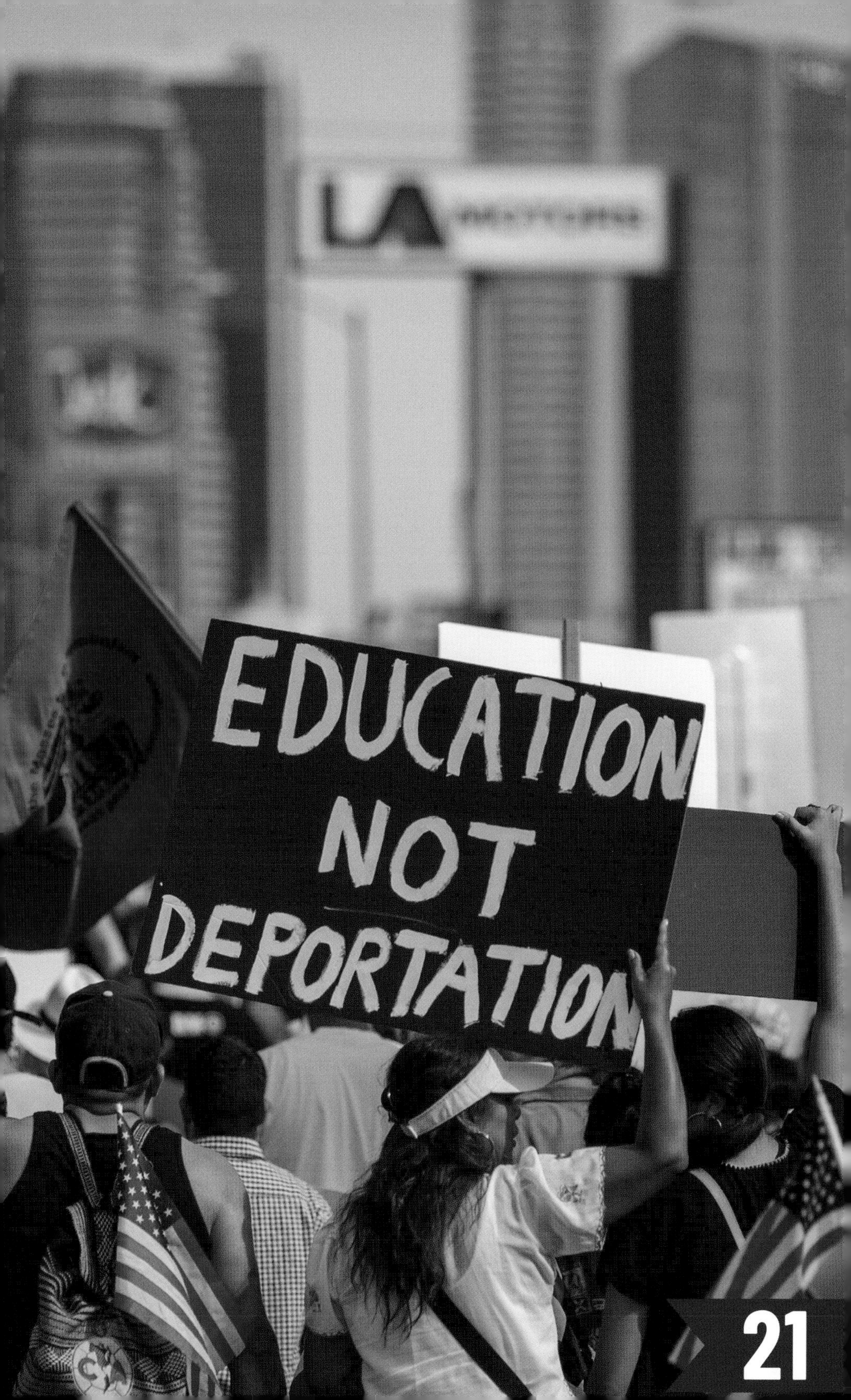
LA
EDUCATION
NOT
DEPORTATION

LOS DERECHOS DE LAS MINORÍAS

★ ★ ★ ★ ★ ★ ★ ★ ★ ★

Los derechos de las minorías son una parte importante de cualquier buena democracia. Aunque la democracia signifique que el voto de la mayoría decide las leyes, también significa que la gente no sufrirá daño ni discriminación por el hecho de estar en el grupo de la minoría.

Las personas que viven en una sociedad donde los derechos de las minorías están protegidos pueden vivir una vida más feliz sabiendo que, si alguna vez llegan a estar en la minoría por alguna razón, recibirán esas mismas protecciones. Los derechos de las minorías son una parte clave de una democracia saludable.

GLOSARIO

★ ★ ★ ★ ★ ★ ★ ★ ★ ★

alergia: mala reacción que sufre el cuerpo cuando entra en contacto con ciertos alimentos, animales o entornos.

castigo: consecuencia que debe sufrir alguien que ha hecho algo malo o indebido.

discriminar: tratar a la gente de forma injusta debido a su clase social, raza o religión.

económica: que tiene que ver con la cantidad de compra y venta en un lugar.

en serio: de forma bien pensada.

étnico: relacionado con un grupo grande de gente que tiene las mismas costumbres, religión y origen.

experiencia: destreza o conocimiento que obtienes al hacer algo. También, hacer o ver algo.

género: estado social y cultural de pertenecer al grupo masculino o femenino.

inclusivo/a: abierto a todo el mundo.

perseguir: seguir o buscar a alguien para hacerle daño.

promulgar: publicar formalmente una ley.

representar: actuar oficialmente de parte de alguien o algo.

responsabilidad: algo de lo que una persona se encarga o que está a su cargo.

tiranía: forma de gobierno en el que un solo dirigente tiene todo el poder.

ÍNDICE

★ ★ ★ ★ ★ ★ ★ ★ ★

SITIOS DE INTERNET

★ ★ ★ ★ ★ ★ ★ ★ ★

Debido a que los enlaces de Internet cambian constantemente,
PowerKids Press ha creado una lista de sitios de Internet relacionados
con el tema de este libro. Este sitio se actualiza con regularidad.
Por favor, utiliza este enlace para acceder a la lista:
www.powerkidslinks.com/pofd/min